westermann

Heimat und Welt +

Berlin und Brandenburg 5

Förderheft Lernen

Jürgen Nebel

unter Mitwirkung
der Verlagsredaktion

Mit deinem neuen Förderheft kannst du mit vielen Sinnen lernen und üben.

Es hilft dir beim Lesen und Hören, beim Malen und Schreiben.

Dieses Heft gehört

_____

Inhaltsverzeichnis

	Seite	bearbeitet am:
So arbeitest du mit deinem Förderheft	4	
Als die Menschen jagten und sammelten	6	_____
Als die Menschen sesshaft wurden	8	_____
Landwirtschaft – Erzeugerin unserer Lebensmittel	10	_____
Ökologische Landwirtschaft	12	_____
Küstenschutz an der Nordsee	14	_____
Transport auf dem Wasserweg – der Hamburger Hafen	16	_____
Das Reich der alten Ägypter – eine Hochkultur	18	_____
Wasser für den Tourismus – Benidorm	20	_____
Nahrung aus dem Wasser – Fischfang und Fischzucht	22	_____
Antike Großstadt Rom	24	_____
Wohnen im antiken Rom	26	_____
Berlin – unsere Hauptstadt	28	_____
Berlin – Versorgung und Entsorgung	30	_____
Bildquellenverzeichnis/Impressum	32	

So arbeitest du mit deinem Förderheft

Grundlagen des Lernens

1. Übung macht den Meister!

Um Inhalte länger im Gedächtnis zu behalten, musst du regelmäßig üben und wiederholen. Lerne in kleinen Schritten, dann prägst du dir die Inhalte besser ein. Dein Gehirn kann das Gelernte so besser verarbeiten.

2. Gut geplant ist halb gekonnt!

Lerne dann, wenn du am aufnahmefähigsten bist. Einige Menschen sind morgens früh fit, andere fühlen sich abends wacher. Lerne immer dann, wenn du dich fit fühlst.

3. Aus Fehlern lernt man!

Habe Vertrauen in deine Fähigkeiten. Betrachte Schwierigkeiten als Herausforderung. Korrigiere deine Fehler. Das hilft dir beim Einprägen. Ein bekannter Staatsmann sagte einmal:

„Erfolg ist, von Fehler zu Fehler zu schreiten, ohne den Tatendrang zu verlieren."

4. Wo ein Wille ist, ist auch ein Weg!

Lass dich nicht durch Rückschläge entmutigen. Sei neugierig und verliere nie deine Ziele aus den Augen. Dann schaffst du es auch!

Viel Erfolg mit deinem Förderheft:
Lerne mit allen Sinnen
auf deinem Weg zum Erfolg!

Lernen mit deinem Förderheft

Dein Gehirn lernt besser, wenn du mit vielen Sinnen lernst (M1). Nutze deine Sinne beim Lesen, Hören, Malen und Schreiben. Spannende Geschichten helfen, sich besser an schwierige Inhalte zu erinnern. Dein Förderheft hilft dir dabei.

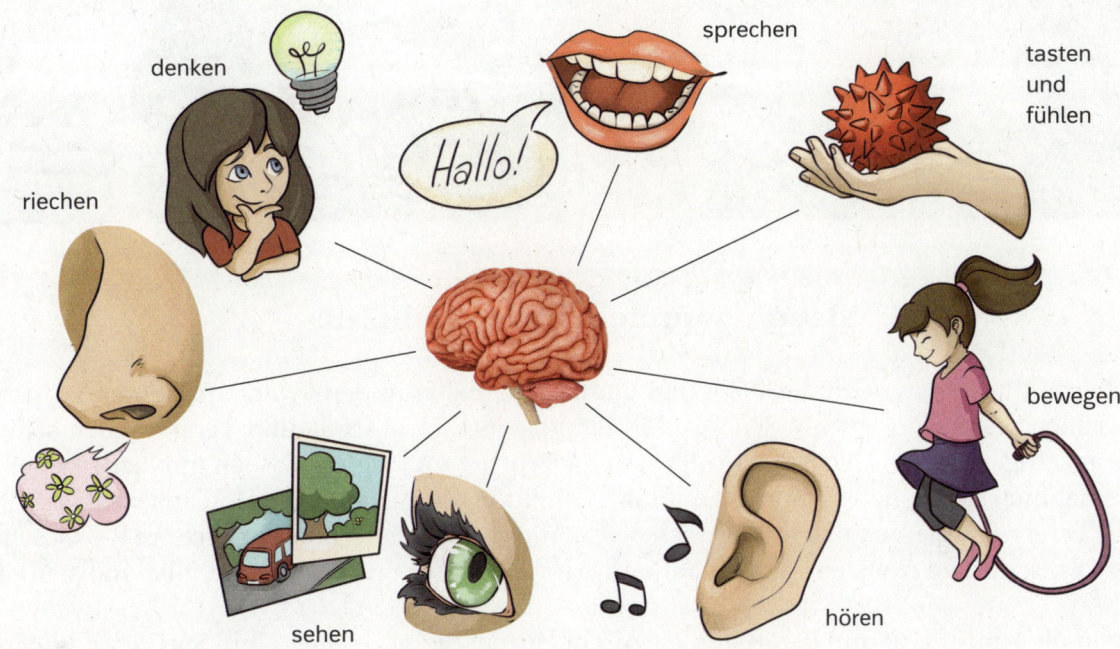

M1 Lernen mit allen Sinnen

Lesen und hören

Wer gut lesen kann, hat es leichter. Lesen bedeutet, Texte zu verstehen und darüber nachzudenken. Auf den linken Seiten in diesem Heft findest du jeweils ein Lesetext. Unter dem Text stehen Tipps zur Verbesserung deiner Lesefähigkeit. Mithilfe des QR-Codes kannst du dir den Text auch anhören. Wenn du ein Wort oder einen Satz nicht aussprechen kannst, höre ihn dir an. Wechsle zwischen Lesen und Hören, bis du den ganzen Text flüssig lesen und verstehen kannst.

Web-Code WES-144173-008

Auf vielen Seiten findest du QR-Codes mit einem Lautsprechersymbol. Wenn du diesen QR-Code mit deinem Smartphone oder Tablet scannst, kannst du dir die Texte auf den Seiten anhören. Du hast auch die Möglichkeit, den daneben stehenden Webcode unter www.schule.diercke.de einzugeben, um zu den Hörtexten zu gelangen.

Malen und schreiben

- Malen hilft beim Verarbeiten von Inhalten. Male die Bilder, Karten und Zeichnungen mit verschiedenen Farbstiften aus. Das Ausmalen hilft beim Lernen, da du dich dabei mit dem Thema in anschaulicher Weise auseinandersetzt.
- Auch schreiben verbessert das Lernen und Speichern von Informationen. Wenn du von Hand schreibst, werden viele Sinne gefordert. Das führt zu einem besseren Behalten der Inhalte. Was du selber schreibst, verstehst du besser und behältst es länger. Das Abschreiben der Merktexte unterstützt deine Merkfähigkeit. Die Fachbegriffe können dir helfen, den Stoff besser zu verstehen. Wähle einen Fachbegriff aus und notiere die Bedeutung. Das Minilexikon im Schulbuch hilft dir dabei.

Web-Code
WES-144173-006

Beeren sammeln in der Steinzeit

In der Altsteinzeit lebten zwei Kinder, Nala und Taran. Sie gingen in den Wald, um Beeren zu sammeln. Die Sonne schien warm und tauchte den Wald in ein goldenes Licht. Nala und Taran fanden schließlich Sträucher mit saftigen Beeren. Die Kinder pflückten die Früchte und legten diese in ihre Lederbeutel.

Plötzlich vernahmen sie ein tiefes Knurren und sahen direkt in die Augen eines Höhlenbären. Der Bär war zum Angriff bereit. Die Herzen der Kinder rasten vor Angst, doch sie erinnerten sich an die Geschichten der Ältesten. Entschlossen richteten sie sich auf und erhoben ihre Speere. Der Bär brüllte und stampfte auf den Boden.

Mutig schrien die Kinder laut, um den Bären einzuschüchtern. Sie schwangen ihre Speere und ließen ihre Stimmen mit Macht erklingen. Der Bär zögerte, verunsichert durch die Entschlossenheit der Kinder. In einem Moment der Ablenkung ergriffen Nala und Taran die Flucht.

Schwer atmend erreichten sie ihr Lager. Am Feuer berichteten sie, dass sie nur wenige Beeren mitgebracht hatten, aber ihre Erfahrungen waren ein wertvoller Schatz. Das Ereignis hatte sie gestärkt und gelehrt, furchtlos und tapfer zu sein. Nala und Taran waren nun entschlossener, die Welt zu erkunden und zu überleben.

Lies den Text zunächst allein still. Unterstreiche Wörter, die du nicht verstehst.

Suche die Bedeutung unbekannter Wörter (Internet), schreibe sie auf (Notiz-App) und lerne sie.

Lies den Text laut, leise, langsam, schnell, mit und ohne Betonung. Hör dir den Text an (QR-Code) und lies ihn nochmal. Übe so lange, bis du den Text flüssig lesen kannst.

Beschreibe die Bilder auf dieser Seite mithilfe des Textes.

Ist der Text spannend, interessant, glaubwürdig?

M1 Das Rentier als „Nutz"-tier

1. a) Schreibe in die Kästen in M1 die Begriffe „Fleisch, Sehne, Fell, Geweih, Schulterblatt, Knochen, Magen".
   Nimm M4 auf S. 39 in deinem Schulbuch zu Hilfe.
   b) Male das Bild farbig aus und erläutere, wozu diese Teile des Rentiers „genutzt" wurden.

2. Schreibe den Merktext auf S. 38 aus deinem Schulbuch ab und lerne ihn auswendig.

_____

_____

_____

3. Tauscht euch über den Merktext in der Gruppe aus (Länge, Inhalt, fehlt was?). Formuliert, wenn nötig, einen neuen Merktext und schreibt ihn in euer Heft.

4. Wähle aus dem Kasten der Fachbegriffe auf S. 38 im Schulbuch einen Fachbegriff aus, schreibe ihn mit Artikel ab und notiere die Bedeutung mit deinen eigenen Worten (Minilexikon).

Mein Lieblingsfachbegriff: _____

Bedeutung: _____

_____

_____

_____

5. Tragt euch gegenseitig in der Gruppe eure Fachbegriffe vor. Stimmen die Erklärungen? Einigt euch auf den wichtigsten Fachbegriff.

Altsteinzeit und Jungsteinzeit

In der Altsteinzeit

Stell dir vor, du lebst vor 8 000 Jahren in der Altsteinzeit. Du bist ein Jäger und Sammler. Das heißt, du ziehst mit deiner Gruppe von Ort zu Ort und suchst nach Nahrung. Du jagst Tiere mit Speeren und Pfeilen, die du aus Stein und Holz gemacht hast. Du sammelst Beeren, Nüsse und Wurzeln, die du in der Natur findest. Du wohnst in Höhlen oder in Zelten aus Tierfellen. Du machst Feuer mit Feuersteinen und trockenem Holz. Du malst Bilder von Tieren an die Höhlenwände oder auf Steine. Du glaubst an Geister und Ahnen, die dir helfen oder schaden können.

In der Jungsteinzeit

Eines Tages siehst du, wie aus einem Korn, das du auf den Boden geworfen hast, eine Pflanze wächst. Du probierst es aus und merkst, dass du mehr Körner ernten kannst, wenn du sie absichtlich aussäst. Du hast die Landwirtschaft erfunden! Du beschließt, an einem Ort zu bleiben, wo der Boden fruchtbar ist und wo es Wasser gibt. Du baust dir ein Haus aus Lehm und Holz. Du zähmst Tiere wie Schafe, Ziegen und Rinder, die dir Wolle, Milch und Fleisch geben. Du lernst, Töpfe aus Ton zu formen und zu brennen. Du schmückst dich mit Perlen aus Muscheln oder mit Knochen. Du tauschst Produkte mit anderen Menschen, die andere Dinge haben als du. Du verehrst die Sonne, den Mond und die Sterne, die dir den Wechsel der Jahreszeiten zeigen. Du lebst jetzt in der Jungsteinzeit. Du bist ein Bauer und Viehzüchter. Das heißt, du produzierst deine eigene Nahrung und brauchst nicht mehr zu wandern. Du hast dich verändert – aber auch die Welt um dich herum.

Lies den Text zunächst allein still. Unterstreiche Wörter, die du nicht verstehst.

Suche die Bedeutung unbekannter Wörter (Internet), schreibe sie auf (Notiz-App) und lerne sie.

Lies den Text laut, leise, langsam, schnell, mit und ohne Betonung. Hör dir den Text an (QR-Code) und lies ihn nochmal. Übe so lange, bis du den Text flüssig lesen kannst.

Beschreibe die Bilder auf dieser Seite mithilfe des Textes. Ist der Text spannend, interessant, glaubwürdig?

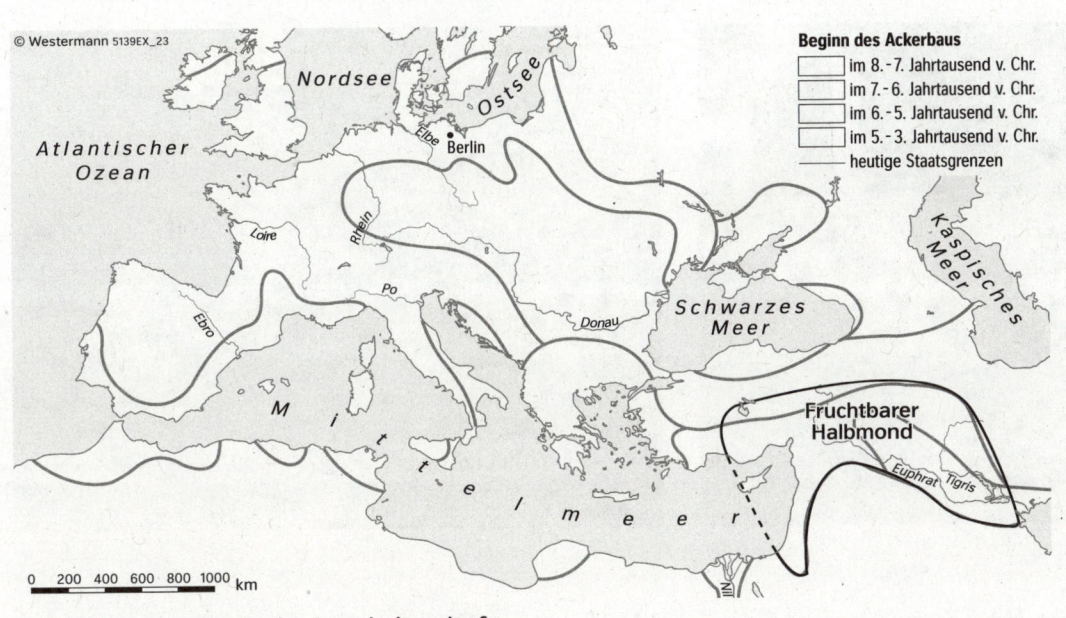

M1 Die Ausbreitung der Landwirtschaft

1. a) Male die Karte M1 farbig aus. Nimm M1 auf S. 40 in deinem Schulbuch zu Hilfe.
   b) Beschreibt euch gegenseitig in der Gruppe mithilfe eurer Zeichnung die Ausbreitung der Landwirtschaft.

2. Schreibe den Merktext auf S. 41 aus deinem Schulbuch ab und lerne ihn auswendig.

_____

_____

_____

_____

_____

3. Tauscht euch über den Merktext in der Gruppe aus (Länge, Inhalt, fehlt was?). Formuliert, wenn nötig, einen neuen Merktext und schreibt ihn in euer Heft.

4. Wähle aus dem Kasten der Fachbegriffe auf S. 41 im Schulbuch einen Fachbegriff aus, schreibe ihn mit Artikel ab und notiere die Bedeutung (Minilexikon).

Mein Lieblingsfachbegriff: _____

Bedeutung: _____

_____

_____

_____

5. Tragt euch gegenseitig in der Gruppe eure Fachbegriffe vor. Stimmen die Erklärungen? Einigt euch auf den wichtigsten Fachbegriff.

Web-Code WES-144173-010

Die Bedeutung der Landwirtschaft in Deutschland

Die Landwirtschaft liefert uns viele Erzeugnisse. Bauern und Bäuerinnen bauen Obst, Gemüse, Getreide und andere Pflanzen an. Sie züchten Tiere wie Kühe, Schweine und Hühner. Dies sind die Grundlagen für unsere täglichen Lebensmittel. Viele landwirtschaftlichen Erzeugnisse werden in Industriebetrieben weiterverarbeitet, um Lebensmittel wie Brot, Nudeln, Käse und Joghurt herzustellen. Moderne Maschinen verarbeiten und verpacken die Produkte und bereiten sie für den Verkauf vor.

Die Weiterverarbeitung in Industriebetrieben macht landwirtschaftliche Produkte länger haltbar und vielfältiger. Äpfel werden zu Apfelsaft gepresst oder zu Apfelmus verarbeitet, Getreide wird zu Mehl gemahlen. Dadurch genießen wir eine größere Vielfalt an Lebensmitteln. Landwirtschaft und Industrie schaffen zusammen eine breite Palette an Lebensmitteln, gleichzeitig sichern sie Arbeitsplätze.

Die Verbindung zwischen Landwirtschaft und Industrie ist entscheidend für unsere Ernährung und Wirtschaft. Wenn ihr das nächste Mal ein Lebensmittel esst, denkt daran, dass es eine weite Reise hinter sich hat. Landwirtschaft und Industrie arbeiten Hand in Hand, um uns zu versorgen. Es lohnt sich, ihre Bedeutung zu schätzen.

Lies den Text zunächst allein still. Unterstreiche Wörter, die du nicht verstehst.

Suche die Bedeutung unbekannter Wörter (Internet), schreibe sie auf (Notiz-App) und lerne sie.

Lies den Text laut, leise, langsam, schnell, mit und ohne Betonung. Hör dir den Text an (QR-Code) und lies ihn nochmal. Übe so lange, bis du den Text flüssig lesen kannst.

Beschreibe die Bilder auf dieser Seite mithilfe des Textes.

Ist der Text spannend, interessant, glaubwürdig?

Gemüse

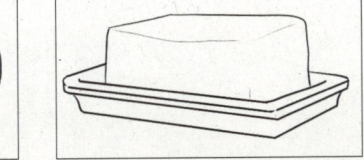

Butter

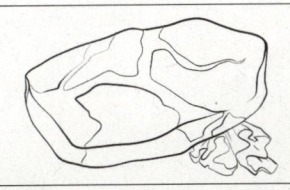

Fleisch

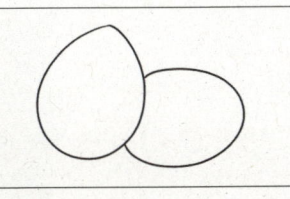

Eier

M1 So viel essen die 3 850 000 Einwohner von Berlin an einem Tag von diesen Nahrungsmitteln (2022).

1. a) Ergänze die Mengen der Nahrungsmittel in M1, die jeden Tag in Berlin gegessen werden. Nimm M1 auf
   S. 48 in deinem Schulbuch zu Hilfe.
   b) Ordne die Produkte in M1 den Begriffen pflanzliche und tierische Lebensmittel zu.
   c) Male die Nahrungsmittel farbig aus.

pflanzliche Lebensmittel	tierische Lebensmittel

2. Schreibe den Merktext auf S. 49 aus deinem Schulbuch ab und lerne ihn auswendig.

_____

_____

_____

_____

_____

3. Tauscht euch über den Merktext in der Gruppe aus (Länge, Inhalt, fehlt was)? Formuliert, wenn nötig, einen
   neuen Merktext und schreibt ihn in euer Heft.

4. Wähle aus dem Kasten der Fachbegriffe auf S. 49 in deinem Schulbuch einen Fachbegriff aus, schreibe ihn
   mit Artikel ab und notiere die Bedeutung (Minilexikon).

Mein Lieblingsfachbegriff: _____

Bedeutung: _____

_____

_____

_____

5. Tragt euch gegenseitig in der Gruppe eure Fachbegriffe vor. Stimmen die Erklärungen? Einigt euch auf den
   wichtigsten Fachbegriff.

Web-Code
WES-144173-012

Eine Bäuerin und ein Bauer diskutieren.

Peter: (Schweinemastbetrieb): Hey, Elke! Ich habe gehört, du betreibst einen ökologischen Hof mit artgerechter Tierhaltung. Meine Schweine leben zwar nicht so glücklich wie deine, aber ich produziere wenigstens genug Fleisch, um die Nachfrage zu decken!

Elke: (ökologischer Betrieb): Ach, Peter, du und deine Schweine! Du magst zwar viel produzieren, aber was ist mit Qualität? Meine Tiere haben Platz, frische Luft und natürliches Futter. Das schmeckt man auch, das Fleisch hat eine bessere Qualität.

Peter: Qualität? Ich habe nichts gegen Qualität, aber sieh dir doch mal die Preise an! Meine Methode ist kostengünstig. Die Menschen wollen erschwingliches Fleisch. Sie sind nicht bereit, das Doppelte zu bezahlen, nur weil „Öko" draufsteht.

Elke: Es geht nicht nur um den Preis, sondern auch um die Verantwortung gegenüber den Tieren und der Umwelt. Ich unterstütze die Artenvielfalt und den Bodenschutz. Du vergiftest doch förmlich den Boden mit deinem Einsatz von Chemikalien und Medikamenten.

Peter: Ach, komm schon! Die Leute wollen einfach nur ihr Fleisch auf dem Teller haben. Außerdem sind meine Schweine robust, sie können mit den Bedingungen umgehen.

Elke: Robust? Du meinst vielleicht abgestumpft! Meine Tiere können ihren natürlichen Instinkten nachgehen und sich frei bewegen. Sie sind gesünder. Das schätzen die Kunden.

Peter: Glücklicher? Gesünder? Am Ende des Tages zählt doch nur der Gewinn. Wenn du so weitermachst, wirst du am Ende bankrott sein.

Elke: Bankrott? Vielleicht. Aber ich kann jeden Tag mit gutem Gewissen schlafen.

Peter: Na ja, ich auch. Und weißt du was? Ich werde mir heute Abend ein schönes Schweinekotelett braten. Das wird ein Festmahl!

Elke (lacht) Vielleicht probierst du ja irgendwann mal ein Kotelett von meinen glücklichen Schweinen. Wer weiß, vielleicht wirst du dann deine Meinung ändern.

Lies den Text zunächst allein still. Unterstreiche Wörter, die du nicht verstehst.

Suche die Bedeutung unbekannter Wörter (Internet), schreibe sie auf (Notiz-App) und lerne sie.

Lies den Text laut, leise, langsam, schnell, mit und ohne Betonung. Hör dir den Text an (QR-Code) und lies ihn nochmal. Übe so lange, bis du den Text flüssig lesen kannst.

Lest den Text in der Klasse mit verteilten Rollen.

Beschreibe das Bild auf dieser Seite mithilfe des Textes. Ist der Text spannend, interessant, glaubwürdig?

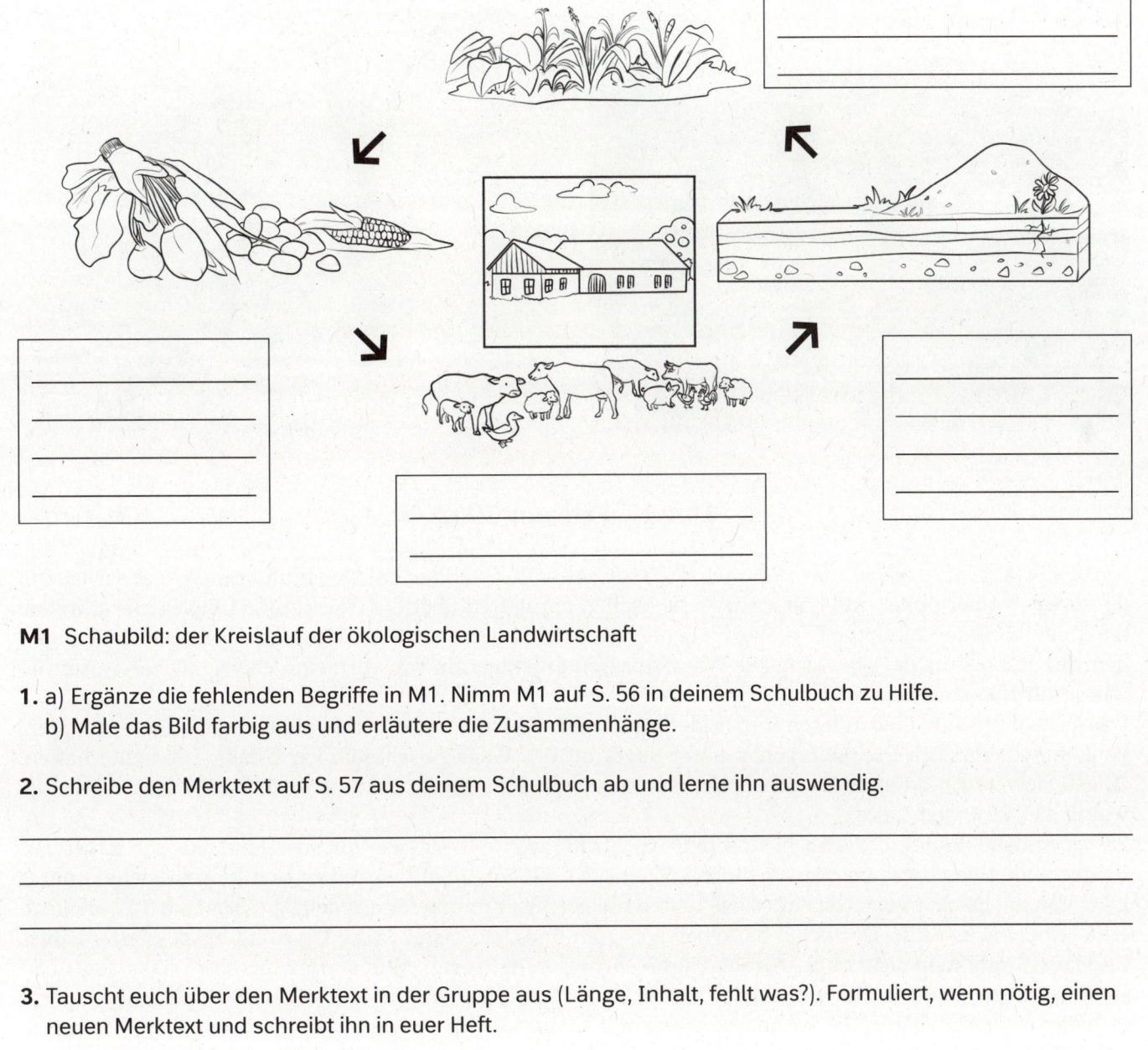

M1 Schaubild: der Kreislauf der ökologischen Landwirtschaft

1. a) Ergänze die fehlenden Begriffe in M1. Nimm M1 auf S. 56 in deinem Schulbuch zu Hilfe.
   b) Male das Bild farbig aus und erläutere die Zusammenhänge.

2. Schreibe den Merktext auf S. 57 aus deinem Schulbuch ab und lerne ihn auswendig.

_____

_____

_____

3. Tauscht euch über den Merktext in der Gruppe aus (Länge, Inhalt, fehlt was?). Formuliert, wenn nötig, einen neuen Merktext und schreibt ihn in euer Heft.

4. Wähle aus dem Kasten der Fachbegriffe auf S. 57 in deinem Schulbuch einen Fachbegriff aus, schreibe ihn mit Artikel ab und notiere die Bedeutung (Minilexikon).

Mein Lieblingsfachbegriff: _____

Bedeutung: _____

_____

_____

_____

5. Tragt euch gegenseitig in der Gruppe eure Fachbegriffe vor. Stimmen die Erklärungen? Einigt euch auf den wichtigsten Fachbegriff.

Der 17. Februar 1962

Heiko, ein Augenzeuge der Sturmflut von 1962, berichtet: Wir standen am Deich und sahen, wie das tosende Wasser immer höher und höher stieg. Die Wellen donnerten über die Deichkrone hinweg. Sie stürzten die Innenböschung hinunter. Das überfließende Wasser hat den Deich von hinten ausgewaschen. Schließlich war er so dünn, dass er brach. Die Wassermassen drückten ihn von vorn einfach weg. Diese Sturmflut wurde zur Katastrophe.

Das Wasser strömte über Wiesen und Felder hinter dem Deich. Dörfer wurden überflutet. Häuser wurden vollkommen zerstört. Bäume brachen unter der Kraft des Wassers. Überall war Chaos. Die Leute hatten Angst. Sie versuchten schnell wegzukommen und sich in Sicherheit zu bringen. Die Bilder zeigen, wie gewaltig die Natur sein kann.

Als es endlich Tag wurde, sah ich: Unsere ganze Straße war voll Wasser. Vor unserem Haus sah ich etwas Blaues und etwas Rotes im Wasser treiben. Zuerst wusste ich nicht, worum es sich hier handeln könnte. Es waren die Dächer von zwei Autos. Sie ragten nur wenige Zentimeter aus dem Wasser. Es herrschte jetzt eine unheimliche Stille. Der Wind hatte nachgelassen und die Wasserfläche lag ruhig. Es passierte nichts. Im Haus sorgte man sich, ob man genügend Nahrungsmittel besaß. Wie war es um das Trinkwasser bestellt? Gab es genügend Brennmaterial? Unser Vater hatte am Vorabend nach seiner Spätschicht noch Kohlen aus dem Keller in die Wohnung gebracht. Das reichte auch nicht ewig. Ich werde diese Sturmflut nie vergessen.

Lies den Text zunächst allein still. Unterstreiche Wörter, die du nicht verstehst.

Suche die Bedeutung unbekannter Wörter (Internet), schreibe sie auf (Notiz-App) und lerne sie.

Lies den Text laut, leise, langsam, schnell, mit und ohne Betonung. Hör dir den Text an (QR-Code) und lies ihn nochmal. Übe so lange, bis du den Text flüssig lesen kannst.

Beschreibe die Bilder auf dieser Seite mithilfe des Textes.

Ist der Text spannend, interessant, glaubwürdig?

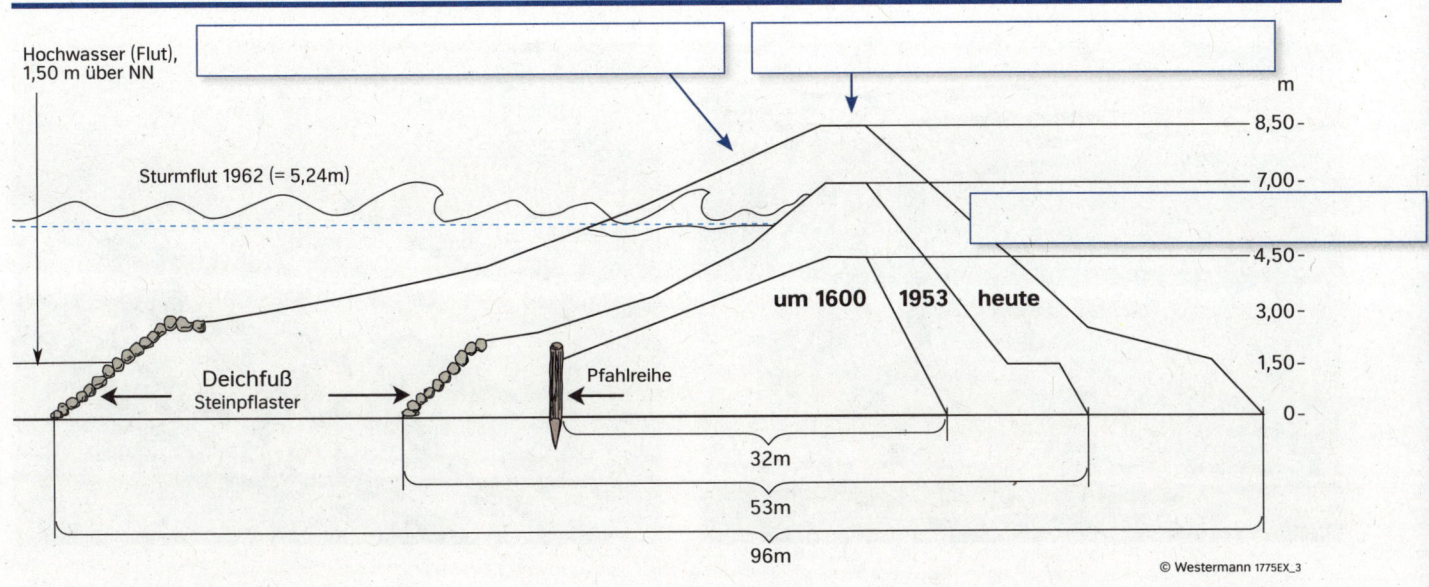

M1 Deiche früher und heute

Within the figure:
- Hochwasser (Flut), 1,50 m über NN
- Sturmflut 1962 (= 5,24m)
- Deichfuß Steinpflaster
- Pfahlreihe
- um 1600 1953 heute
- 32m
- 53m
- 96m
- m / 8,50 / 7,00 / 4,50 / 3,00 / 1,50 / 0
- © Westermann 1775EX_3

1. a) Ergänze die Begriffe „Außenböschung, Innenböschung, Deichkrone" in M1. Nimm M3 auf S. 77 in deinem Schulbuch zu Hilfe.
   b) Male das Bild farbig aus und erläutere, was sich beim Deichbau heute gegenüber früher verändert hat.

2. Schreibe den Merktext auf S. 77 aus deinem Schulbuch ab (jeden Satz in eine Zeile) und lerne ihn auswendig.

_____

_____

_____

_____

3. Tauscht euch über den Merktext in der Gruppe aus (Länge, Inhalt, fehlt was?). Formuliert, wenn nötig, einen neuen Merktext und schreibt ihn in euer Heft.

4. Wähle aus dem Kasten der Fachbegriffe auf S. 77 in deinem Schulbuch einen Fachbegriff aus, schreibe ihn mit Artikel ab und notiere die Bedeutung mit deinen eigenen Worten (Minilexikon).

Mein Lieblingsfachbegriff: _____

Bedeutung: _____

_____

_____

_____

5. Tragt euch gegenseitig in der Gruppe eure Fachbegriffe vor. Stimmen die Erklärungen? Einigt euch auf den wichtigsten Fachbegriff.

Der Hamburger Hafen

Der Hamburger Hafen ist der größte Hafen in Deutschland. Er liegt in der Stadt Hamburg. Man nennt ihn auch das „Tor zur Welt". Der Hafen hat viele Terminals. Dort werden Schiffe beladen und entladen. Der Hafen spielt eine wichtige Rolle im internationalen Handel. Es gibt riesige Schiffe mit Containern voller Waren, zum Beispiel Kleidung, Elektronik, Spielwaren und Lebensmittel.

Viele Menschen arbeiten im Hafen, zum Beispiel als Hafenarbeiter und Lkw-Fahrer. Die Wirtschaft der Stadt und des Landes profitiert stark vom Hamburger Hafen. Von hier aus können Waren schnell weiter-transportiert werden. Es gibt Straßen, Schienen und Flüsse, die mit dem Hafen verbunden sind. Das erleichtert den Handel und den Transport von Gütern in alle Richtungen.

Der Hamburger Hafen ist nicht nur ein Arbeitsplatz, sondern auch ein Ort, den man besuchen kann. Es gibt Sehenswürdigkeiten in der weiteren Umgebung wie die Elbphilharmonie, alte Speicherstadt-Gebäude und die berühmte Hafenpromenade. Viele Menschen besuchen den Hafen, um die Schiffe zu sehen und die Atmosphäre zu genießen.

Der Hamburger Hafen legt auch großen Wert auf den Umweltschutz. Es werden Maßnahmen ergriffen, um die Umweltauswirkungen der riesigen Containerschiffe zu reduzieren.

Insgesamt ist der Hamburger Hafen ein wichtiger Ort für den weltweiten Handel. Der Hafen schafft Arbeitsplätze und ist eine touristische Attraktion.

Lies den Text zunächst allein still. Unterstreiche Wörter, die du nicht verstehst.

Suche die Bedeutung unbekannter Wörter (Internet), schreibe sie auf (Notiz-App) und lerne sie.

Lies den Text laut, leise, langsam, schnell, mit und ohne Betonung. Hör dir den Text an (QR-Code) und lies ihn nochmal. Übe so lange, bis du den Text flüssig lesen kannst.

Beschreibe die Bilder auf dieser Seite mithilfe des Textes.

Ist der Text spannend, interessant, glaubwürdig?

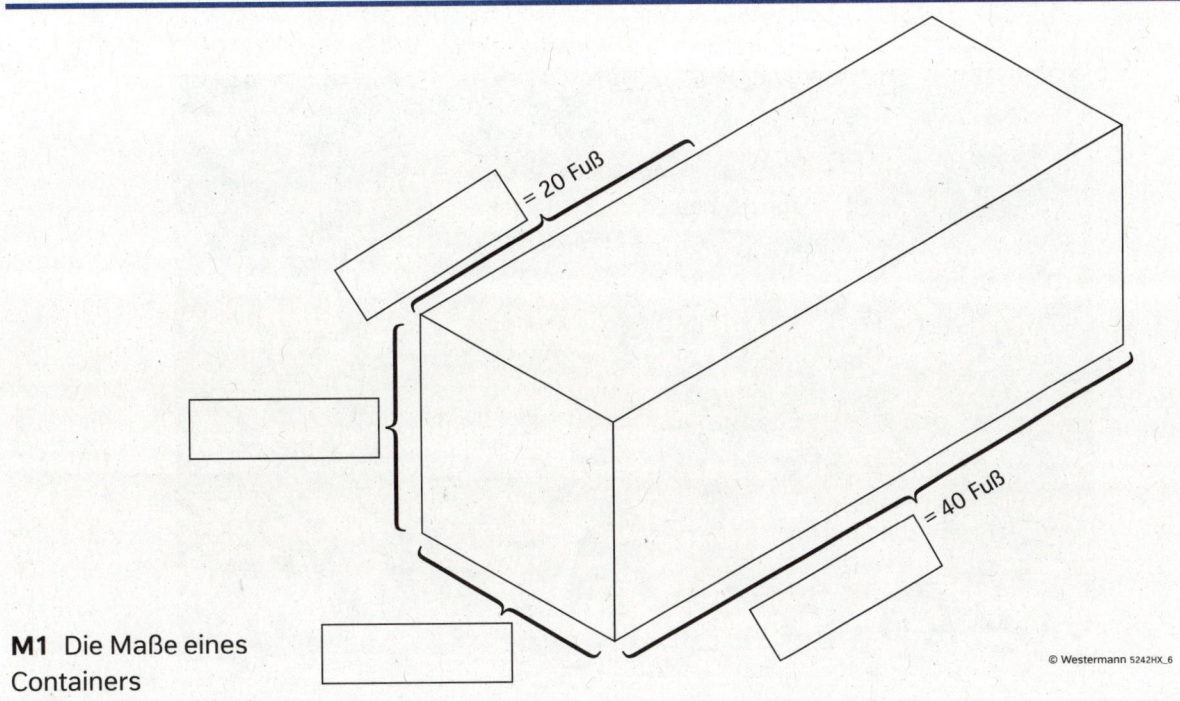

= 20 Fuß

= 40 Fuß

© Westermann 5242HX_6

M1 Die Maße eines Containers

1. a) Ergänze die Maße eines Containers in M1. Nimm M1 auf S. 80 in deinem Schulbuch zu Hilfe.
   b) Male das Bild farbig aus und erläutere den Unterschied zwischen einem 20 Fuß- und 40 einem Fuß-Container.

2. Schreibe den Merktext auf S. 81 aus deinem Schulbuch ab (jeden Satz in eine Zeile) und lerne ihn auswendig.

_____

_____

_____

_____

3. Tauscht euch über den Merktext in der Gruppe aus (Länge, Inhalt, fehlt was?). Formuliert, wenn nötig, einen neuen Merktext und schreibt ihn in euer Heft.

4. Schreibe den Fachbegriff im Kasten auf S. 81 in deinem Schulbuch mit Artikel ab und notiere die Bedeutung mit deinen eigenen Worten (Minilexikon).

Fachbegriff: _____

Bedeutung: _____

_____

_____

_____

5. Tragt euch gegenseitig in der Gruppe die Bedeutung eures Fachbegriffs vor. Stimmen die Erklärungen? Einigt euch auf die beste Erklärung.

Lage der neu entdeckten Kammer

ehemaliger Eingang

heutiger Eingang für Besucher

Cheops-Pyramide: Geheime Kammer entdeckt

Die Cheops-Pyramide ist die älteste und größte der drei Pyramiden von Gizeh. Sie wurde vor mehr als 4500 Jahren als Grabmal für den ägyptischen Pharao Cheops gebaut. Mit einfachsten Mitteln bauten die Menschen diese mehr als sechs Millionen Tonnen schwere und 139 Meter hohe Pyramide. Was genau sich in ihrem Inneren verbirgt, ist auch heute erst in Teilen bekannt. Mit modernen Methoden versuchen Forschungsteams, alle Geheimnisse der Pyramide zu entdecken. Trotz aller Mühen übersahen die Forschenden bislang eine versteckte Kammer. Die wurde erst jetzt gefunden. Sie liegt über dem ursprünglichen Eingang der Pyramide und ist zwei Meter breit und hoch sowie neun Meter lang. Welchem Zweck sie einst diente und wohin sie führt, ist noch unbekannt. Solche gut versteckten Räume deuten fast immer darauf hin, dass dort etwas Besonderes liegt – oder lag, bevor Grabräuber es mitnahmen. Die Kammer ist offenbar leer und scheint seit ihrem Bau nicht mehr betreten worden zu sein. In ihr sind keine Fußspuren oder ähnliche Hinweise auf menschliche Aktivitäten zu erkennen.

Lies den Text zunächst allein still. Unterstreiche Wörter, die du nicht verstehst.

Suche die Bedeutung unbekannter Wörter (Internet), schreibe sie auf (Notiz-App) und lerne sie.

Lies den Text laut, leise, langsam, schnell, mit und ohne Betonung. Hör dir den Text an (QR-Code) und lies ihn nochmal. Übe so lange, bis du den Text flüssig lesen kannst.

Beschreibe das Bild auf dieser Seite mithilfe des Textes.

Ist der Text spannend, interessant, glaubwürdig?

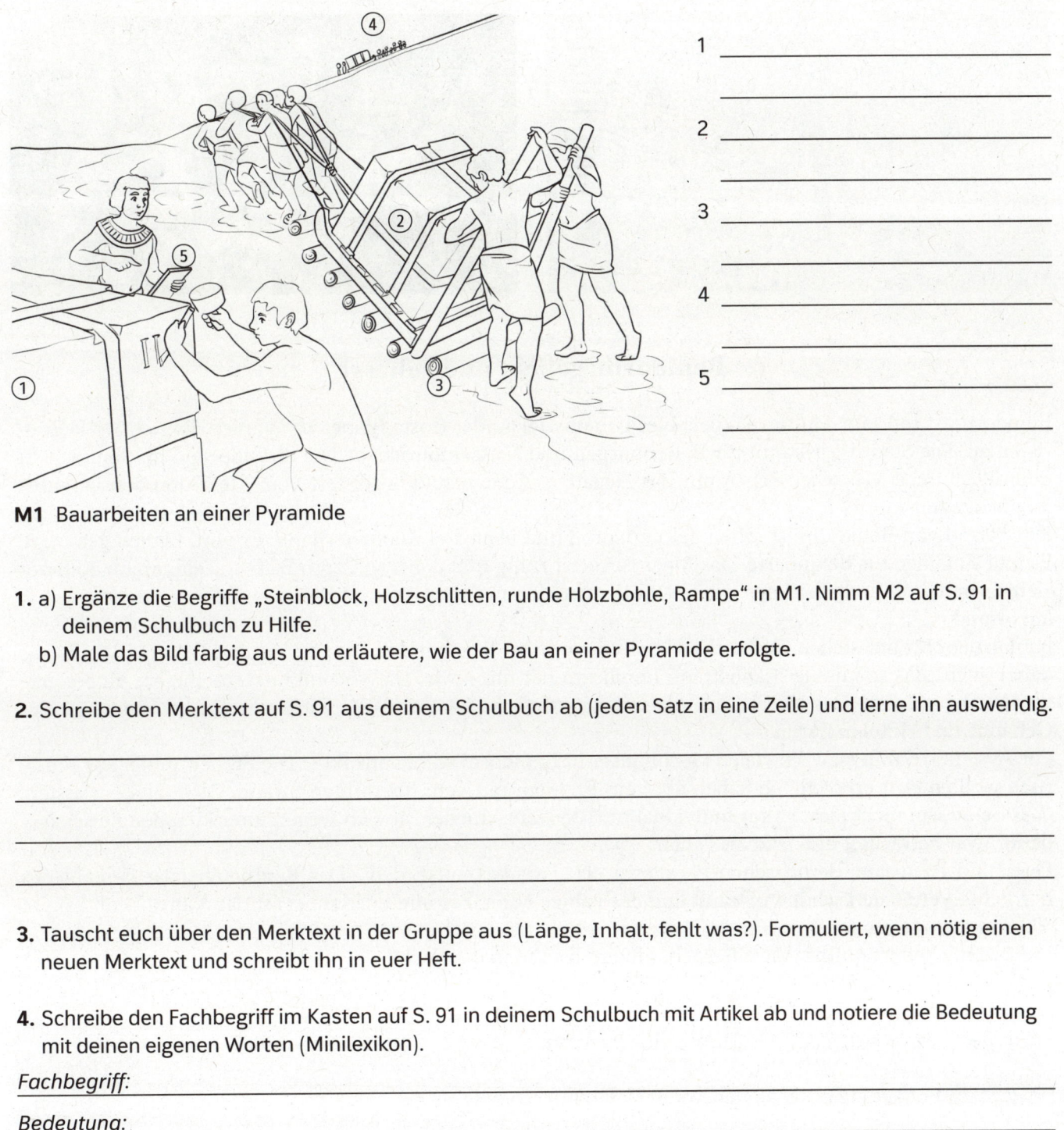

M1 Bauarbeiten an einer Pyramide

1 _____
2 _____
3 _____
4 _____
5 _____

1. a) Ergänze die Begriffe „Steinblock, Holzschlitten, runde Holzbohle, Rampe" in M1. Nimm M2 auf S. 91 in deinem Schulbuch zu Hilfe.
   b) Male das Bild farbig aus und erläutere, wie der Bau an einer Pyramide erfolgte.

2. Schreibe den Merktext auf S. 91 aus deinem Schulbuch ab (jeden Satz in eine Zeile) und lerne ihn auswendig.

_____

_____

_____

_____

3. Tauscht euch über den Merktext in der Gruppe aus (Länge, Inhalt, fehlt was?). Formuliert, wenn nötig einen neuen Merktext und schreibt ihn in euer Heft.

4. Schreibe den Fachbegriff im Kasten auf S. 91 in deinem Schulbuch mit Artikel ab und notiere die Bedeutung mit deinen eigenen Worten (Minilexikon).

Fachbegriff: _____

Bedeutung: _____

_____

_____

5. Tragt euch gegenseitig in der Gruppe die Bedeutung des Fachbegriffs vor. Stimmen die Erklärungen? Einigt euch auf die beste Erklärung.

Web-Code
WES-144173-020

Benidorm: geliebt und gehasst

Benidorm ist seit Jahrzehnten ein beliebtes Urlaubsziel an der Costa Blanca in Spanien. Es zieht viele Touristen an. Die Stadt ist bekannt für Bettenburgen und Massentourismus. Die Strände sind im Sommer oft überfüllt. Einige Menschen sehen nur das Negative. Andere sind begeistert vom Meer und den Urlaubsmöglichkeiten.

Der Strand von Benidorm ist schön gelegen, groß und über drei Kilometer lang. Er wird täglich gereinigt. Es gibt Zugänge für Behinderte. Das Meer ist meist ruhig und daher gut zum Baden geeignet. Im Sommer sieht man den Strand allerdings kaum. Das liegt an den vielen Sonnenschirmen und den vielen Menschen am Strand.

Hinter dem Strand stehen zahlreiche Hotelburgen dicht beieinander. Man nennt den Bereich Benidorms daher auch „das spanische Manhattan". Benidorm hat mit etwa 300 Wolkenkratzern eine besonders große Hochhausdichte. Das Hotel „Bali" ist mit 186 Metern Höhe und 776 Zimmern ein besonders großes Gebäude und Hotel in Europa.

Für Ayse und Sarah sind die vielen Hochhäuser in Benidorm wenig attraktiv. Die Studentinnen aus Karlsruhe wollten sich erholen. Sie haben aber ein Problem mit dem überfüllten Strand. Obwohl sie wussten, dass Benidorm nicht ideal ist für Individualtouristen, entschieden sie sich wegen ihrer knappen Reisekasse dafür. Ayse betrachtet dies jetzt als Fehler.

Peter und Heidi aus Berlin sehen Benidorm als „Paradies auf Erden". Das Rentnerehepaar genießt das herrliche Wetter, den schönen Strand und das ruhige Meer. Für ältere Urlauber ist das Klima ideal. Es gibt 300 Sonnentage pro Jahr.

Das Nachtleben ist quirlig. Viele Besucher feiern bis tief in die Nacht.

Lies den Text zunächst allein still. Unterstreiche Wörter, die du nicht verstehst.

Suche die Bedeutung unbekannter Wörter (Internet), schreibe sie auf (Notiz-App) und lerne sie.

Lies den Text laut, leise, langsam, schnell, mit und ohne Betonung. Hör dir den Text an (QR-Code) und lies ihn nochmal. Übe so lange, bis du den Text flüssig lesen kannst.

Beschreibe die Bilder auf dieser Seite mithilfe des Textes.

Ist der Text spannend, interessant, glaubwürdig?

Gestaltet nach dem Text ein Rollenspiel für Ayse und Sarah.

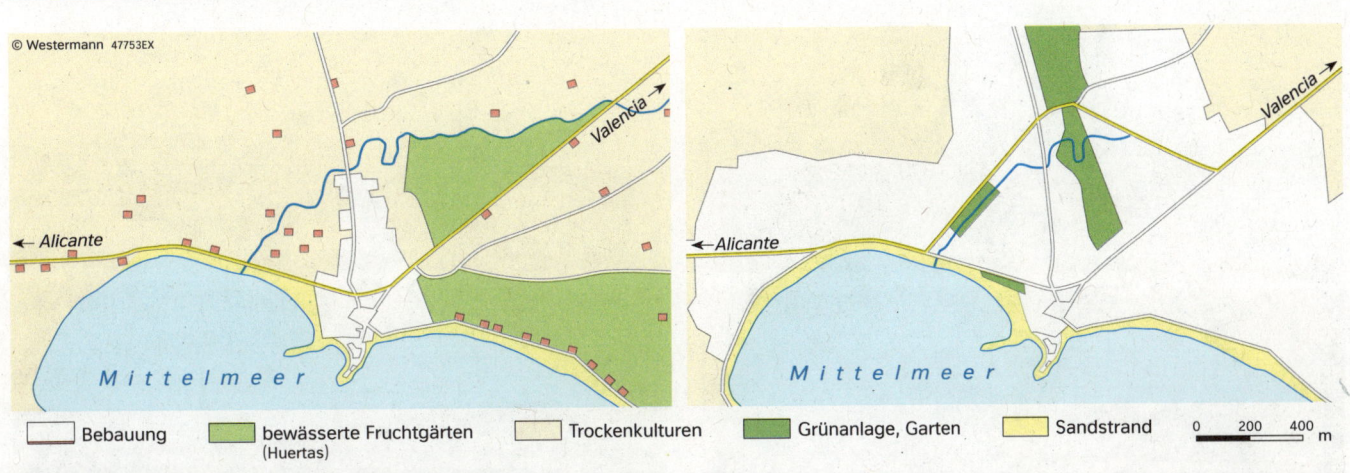

⬜ Bebauung	🟩 bewässerte Fruchtgärten (Huertas)	⬜ Trockenkulturen
🟩 Grünanlage, Garten	🟨 Sandstrand	

M1 Benidorm – Bebauung 1955 und heute

1. a) Male die bebauten Flächen in M1 farbig aus. Nimm M4 und M6 auf S. 97 in deinem Schulbuch zu Hilfe.
   b) Erläutere, wie sich der Ort Benidorm in den letzten fast 70 Jahren verändert hat.

2. Schreibe den Merktext auf S. 97 aus deinem Schulbuch ab und lerne ihn auswendig.

_____

_____

_____

_____

_____

_____

_____

3. Tauscht euch über den Merktext in der Gruppe aus (Länge, Inhalt, fehlt was?). Formuliert, wenn nötig einen neuen Merktext und schreibt ihn in euer Heft.

4. Schreibe den Fachbegriff im Kasten auf S. 97 in deinem Schulbuch mit Artikel ab und notiere die Bedeutung mit deinen eigenen Worten (Minilexikon).

Fachbegriff: _____

Bedeutung: _____

_____

_____

_____

_____

5. Tragt euch gegenseitig in der Gruppe die Bedeutung des Fachbegriffs vor. Stimmen die Erklärungen? Einigt euch auf die beste Erklärung.

Harte Arbeit auf rauer See

Das Fischereischiff fährt von Bremerhaven nach Grönland. Nach sieben Tagen erreicht das Schiff das Fanggebiet westlich der Insel. Die Nerven sind angespannt. Endlich! Die Matrosen lassen das Netz langsam ins Meer hinab. Die Stahlseile, die das Netz tragen, sind drei Kilometer lang. Die Mannschaft kontrolliert, ob alles glatt läuft. Die schweren Scherbretter sinken mit nach unten. Sie halten das Netz unter Wasser auseinander. Gleichzeitig treiben sie die Fische durch den entstehenden Wasserdruck vor das Netz. Das Netz sinkt bis auf 1000 Meter Tiefe. Die Fischerei beginnt. An Bord herrscht eine Stimmung aus Routine und Anspannung. Auf dem Monitor schlägt die Netzsonde an. Etwas Dickes ist im Netz. Die Mannschaft macht sich bereit zum Einholen des Netzes. Die Matrosen tragen bei der Arbeit Ölzeug und Helme. An Deck ist es glatt und bei Seegang schwingen schwere Ketten über den Köpfen.

Das Netz war mehrere Stunden in 1000 Meter Tiefe. Es dauert etwa eine halbe Stunde, bis es an Deck ist. Das Netz wird hochgezogen und die Scherbretter kommen an die Wasseroberfläche. Die Arbeit mit den schweren Scherbrettern ist gefährlich. Sechs Tonnen wiegt ein solches Brett. Ein Matrose sichert es mit einer schweren Eisenkette. Die Mannschaft hofft auf einen guten Fang.

Der erste Fang kommt an Deck. Dicke Beute oder Niete? Dass weiß jetzt noch keiner. Die Mannschaft ist am Fang beteiligt. Wenn das Netz voll ist, verdient sie gutes Geld. Der Fang sieht vielversprechend aus. Das Netz ist gefüllt mit Tonnen von Fisch. Das Netz wird von Hand geöffnet. 15 Tonnen Fisch werden dann mit dem Kran hochgehoben und unter Deck in die Tanks der Fischfabrik geschoben. Die Anspannung weicht der Freude über einen erfolgreichen Fang.

Lies den Text zunächst allein still. Unterstreiche Wörter, die du nicht verstehst.

Suche die Bedeutung unbekannter Wörter (Internet), schreibe sie auf (Notiz-App) und lerne sie.

Lies den Text laut, leise, langsam, schnell, mit und ohne Betonung. Hör dir den Text an (QR-Code) und lies ihn nochmal. Übe so lange, bis du den Text flüssig lesen kannst.

Beschreibe die Bilder auf dieser Seite mithilfe des Textes.

Ist der Text spannend, interessant, glaubwürdig?

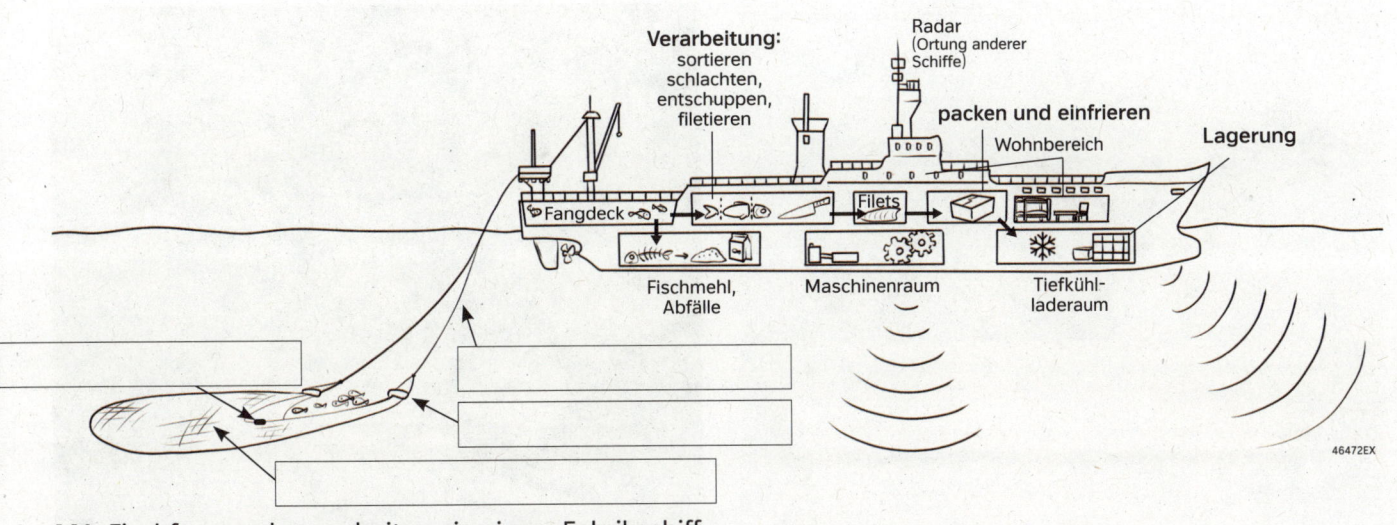

M1 Fischfang und -verarbeitung in einem Fabrikschiff

1. Ergänze die Begriffe „Netzsonde, Schleppnetz, Scherbrett, Stahlseil" in M1. Nimm M4 auf S. 99 in deinem Schulbuch zu Hilfe.

2. Male das Bild farbig aus und erläutere den Fischfang und die Verarbeitung auf einem Fabrikschiff.

3. Schreibe den Merktext auf S. 99 aus deinem Schulbuch ab und lerne ihn auswendig.

_____

_____

_____

_____

_____

4. Tauscht euch über den Merktext in der Gruppe aus (Länge, Inhalt, fehlt was?). Formuliert, wenn nötig einen neuen Merktext und schreibt ihn in euer Heft.

5. Wähle aus dem Kasten der Fachbegriffe auf S. 99 in deinem Schulbuch einen Fachbegriff aus, schreibe ihn mit Artikel ab und notiere die Bedeutung mit deinen eigenen Worten (Minilexikon).

Mein Lieblingsfachbegriff: _____

Bedeutung: _____

_____

_____

_____

_____

6. Tragt euch gegenseitig eure Fachbegriffe vor. Stimmen die Erklärungen? Einigt euch auf den wichtigsten Fachbegriff.

Sage von der Entstehung Roms

König Numitor lebte einst in der Nähe der heutigen Stadt Rom. Er hatte eine Tochter. Sie hieß Rhea. Rhea war verheiratet mit dem Kriegsgott Mars. Die beiden bekamen Zwillinge. Sie gaben ihnen die Namen Romulus und Remus. König Numitor bestimmte sie zu seinen Nachfolgern. Doch Numitor wurde von seinem neidischen Bruder Amulius vertrieben. Dieser wollte selbst König werden. Daher ließ er die Zwillinge in einem Korb aus Schilf auf dem Fluss Tiber aussetzen. Er hoffte, dass die beiden Kinder sterben würden. Der Korb verfing sich aber am Ufer. Dafür sorgte der Vater der Zwillinge, der Kriegsgott Mars. Er schickte auch eine Wölfin. Die Wölfin beleckte die Kleinen mit der Zunge und säugte sie. Nach einigen Tagen kam ein Hirte vorbei. Er fand die Kinder und nahm sie mit nach Hause. Er und seine Frau erzogen sie, als wären sie ihre eigenen Kinder. Als Romulus und Remus erwachsen waren, erfuhren sie von ihrer königlichen Herkunft. Sie wollten dort, wo die Wölfin sie gefunden hatte, eine Stadt gründen. Sie konnten sich aber nicht einigen, wer der Stadt den Namen geben sollte. Ein Streit entstand zwischen den Brüdern. Sie kämpften. Im Kampf stieß Romulus seinem Bruder die Lanze in die Brust und rief: „So soll es jedem ergehen, der sich mir entgegenstellt." Romulus benannte die Stadt nach seinem Namen: Rom. Er wurde ihr erster König.

Nach der Sage soll die Gründung Roms durch Romulus im Jahre 753 vor Christus erfolgt sein. Damals war Rom nur ein kleines Dorf. Einige Jahrhunderte später war aus diesem Dorf der Mittelpunkt eines Weltreiches geworden.

Lies den Text zunächst allein still. Unterstreiche Wörter, die du nicht verstehst.

Suche die Bedeutung unbekannter Wörter (Internet), schreibe sie auf (Notiz-App) und lerne sie.

Lies den Text laut, leise, langsam, schnell, mit und ohne Betonung. Hör dir den Text an (QR-Code) und lies ihn nochmal. Übe so lange, bis du den Text flüssig lesen kannst.

Beschreibe die Bilder auf dieser Seite mithilfe des Textes.

Ist der Text spannend, interessant, glaubwürdig?

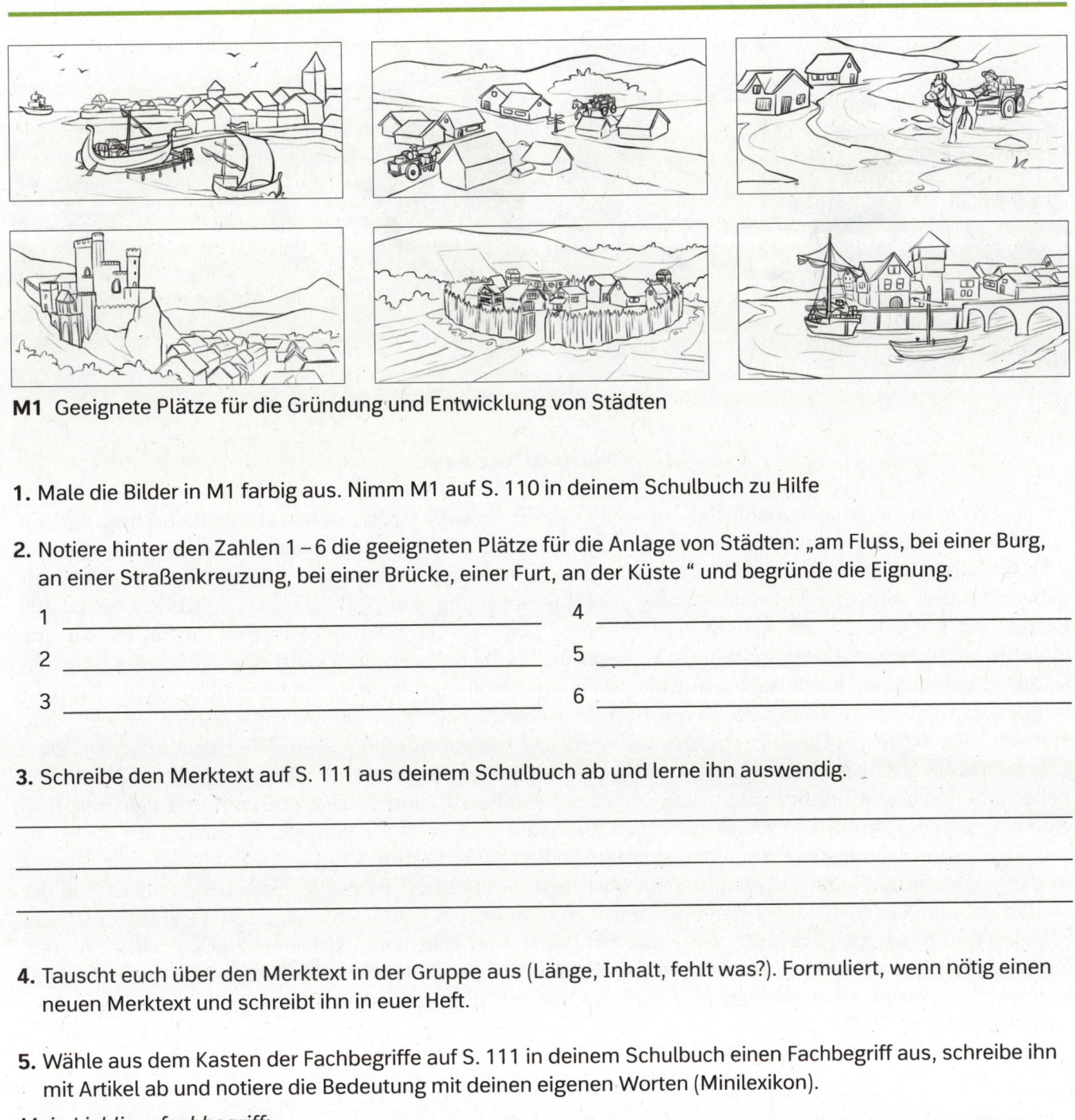

M1 Geeignete Plätze für die Gründung und Entwicklung von Städten

1. Male die Bilder in M1 farbig aus. Nimm M1 auf S. 110 in deinem Schulbuch zu Hilfe

2. Notiere hinter den Zahlen 1 – 6 die geeigneten Plätze für die Anlage von Städten: „am Fluss, bei einer Burg, an einer Straßenkreuzung, bei einer Brücke, einer Furt, an der Küste " und begründe die Eignung.

1 _____   4 _____
2 _____   5 _____
3 _____   6 _____

3. Schreibe den Merktext auf S. 111 aus deinem Schulbuch ab und lerne ihn auswendig.

_____

_____

_____

4. Tauscht euch über den Merktext in der Gruppe aus (Länge, Inhalt, fehlt was?). Formuliert, wenn nötig einen neuen Merktext und schreibt ihn in euer Heft.

5. Wähle aus dem Kasten der Fachbegriffe auf S. 111 in deinem Schulbuch einen Fachbegriff aus, schreibe ihn mit Artikel ab und notiere die Bedeutung mit deinen eigenen Worten (Minilexikon).

Mein Lieblingsfachbegriff: _____

Bedeutung: _____

_____

_____

6. Tragt euch gegenseitig eure Fachbegriffe vor. Stimmen die Erklärungen? Einigt euch auf den wichtigsten Fachbegriff.

Web-Code
WES-144173-026

Leben im alten Rom

Im Jahr 80 nach Christus erstrahlt Rom in vollem Glanz. Damals ist Rom Ziel für alle Menschen, die von einem besseren Leben träumen. Der Alltag in der Hauptstadt ist aber für die meisten Römer wenig glanzvoll. Damals ging es in Rom viel enger zu als heute in Berlin. Die antiken Mietshäuser standen dicht nebeneinander. Verheerende Brände sind an der Tagesordnung. Man geht davon aus, dass es bis zu 100 Brände am Tag gab. Gerade erst hat ein Großbrand gewütet. Die öffentliche Feuerwehr hat viel zu tun. Quintus ist ein Feuerwehrmann in Rom. Morgens um 7 Uhr beginnt sein Dienst. Der 25-Jährige ist schon seit drei Jahren dabei. Heute sagt sein Chef: „Männer, ihr überprüft heute sämtliche Feuerschutzeinrichtungen der Mietshäuser. Wir hatten viele Brände in letzter Zeit. Wir müssen dafür sorgen, dass in allen Häusern die Brandschutzregeln eingehalten werden. Quintus, du gehst zum Mietshaus nebenan. Dort haben sich die Nachbarn beschwert. Es gibt wohl ein Problem beim Brandschutz. Du prüfst: Gibt es dort Leitern, Lumpen und Binsenmatten zum Ersticken des Feuers? Sind genügend Besen und Patschen zum Ausschlagen der Flammen vorhanden? Natürlich müssen auch volle Wassereimer bereitstehen. Du berichtest, ob alles in Ordnung ist. Wenn nicht, werden die Bewohner bestraft."
In den engen Straßen gibt es jeden Tag ein Verkehrschaos. Überall herrscht hektisches Treiben. Händler warten auf gute Geschäfte. Jeder, der kann, hält sich draußen auf. Die Mietshäuser sind eigentlich nur zum Schlafen und Essen da. Den Luxus einer eigenen Toilette im Haus kann sich nur die Oberschicht leisten. Quintus nutzt, wie die meisten Leute, die öffentliche Latrine: ein Plumpsklo. Das Latrinensystem in Rom gilt als vorbildlich. Denn es kommt ohne die üblichen Geruchsbelästigungen aus. Für die Luftverbesserung sorgt ein ausgeklügeltes Kanal- und Abwassersystem. Es leitet die Abwässer in den Tiber und von dort ins Meer.

Lies den Text zunächst allein still. Unterstreiche Wörter, die du nicht verstehst.

Suche die Bedeutung unbekannter Wörter (Internet), schreibe sie auf (Notiz-App) und lerne sie.

Lies den Text laut, leise, langsam, schnell, mit und ohne Betonung. Hör dir den Text an (QR-Code) und lies ihn nochmal. Übe so lange, bis du den Text flüssig lesen kannst.

Beschreibe die Bilder auf dieser Seite mithilfe des Textes.

Ist der Text spannend, interessant, glaubwürdig?

① _____
② _____
③ _____
④ _____
⑤ _____
⑥ _____
⑦ _____
⑧ _____
⑨ _____

M1 Villa einer vornehmen römischen Familie

1. Notiere in M1 hinter den Zahlen ①–⑨ die Namen der Räume.

2. Schreibe den Merktext auf S. 113 aus deinem Schulbuch ab und lerne ihn auswendig.

_____

_____

_____

3. Tauscht euch über den Merktext in der Gruppe aus (Länge, Inhalt, fehlt was?). Formuliert, wenn nötig einen neuen Merktext und schreibt ihn in euer Heft.

4. Wähle aus dem Kasten der Fachbegriffe auf S. 113 in deinem Schulbuch einen Fachbegriff aus, schreibe ihn mit Artikel ab und notiere die Bedeutung mit deinen eigenen Worten (Minilexikon).

Mein Lieblingsfachbegriff: _____

Bedeutung: _____

_____

_____

_____

5. Tragt euch gegenseitig eure Fachbegriffe vor. Stimmen die Erklärungen? Einigt euch auf den wichtigsten Fachbegriff.

Das Brandenburger Tor – Wahrzeichen Deutschlands

Der Pariser Platz in Berlin-Mitte ist für Touristen die erste Adresse. Hier steht das Brandenburger Tor. Es ist ein Sinnbild für die Trennung und die Wiedervereinigung Berlins und Deutschlands.

Im Jahr 1788 gab König Friedrich Wilhelm II. den Bau eines großen Tores aus Sandstein in Auftrag. Es sollte die Prachtstraße Unter den Linden nach Osten abschließen. Der Bau dauerte drei Jahre. Das Tor ist 62 Meter breit. Es wird von sechs gewaltigen Säulen getragen. Jede ist mehr als 13 Meter hoch. Das Brandenburger Tor ist dem griechischen Vorbild auf der Akropolis in Athen nachempfunden. 1793 erhielt es die Quadriga, einen Streitwagen, gezogen von vier Pferden. Die Siegesgöttin Victoria hält die Zügel in der Hand. Das Gespann ist nicht nur groß, sondern auch ein Symbol: Es soll den Einzug des Friedens in die Hauptstadt versinnbildlichen.

Eine besondere Rolle spielte das Brandenburger Tor während der Trennung Deutschlands und Berlins ab 1961. Es befand sich nun im Ostteil der Stadt. Niemand konnte es mehr besuchen. Die Mauer verlief auf westlicher Seite in einem Bogen um das Tor herum. Es wurde damit zu einem Symbol der Teilung Deutschlands. Diese dauerte 28 Jahre. Am 22. Dezember 1989 feierten Tausende Menschen die Wiedereröffnung des Brandenburger Tors.

Heute ist das Brandenburger Tor das wichtigste Symbol der Deutschen Einheit. Jährlich besuchen es Millionen Menschen aus aller Welt. Besichtigen kann man Berlins wohl bekanntestes Bauwerk das ganze Jahr lang. Es gibt hier weder Öffnungszeiten noch Eintrittspreise.

Lies den Text zunächst allein still. Unterstreiche Wörter, die du nicht verstehst.

Suche die Bedeutung unbekannter Wörter (Internet), schreibe sie auf (Notiz-App) und lerne sie.

Lies den Text laut, leise, langsam, schnell, mit und ohne Betonung. Hör dir den Text an (QR-Code) und lies ihn nochmal. Übe so lange, bis du den Text flüssig lesen kannst.

Beschreibe das Bild auf dieser Seite mithilfe des Textes.

Ist der Text spannend, interessant, glaubwürdig?

_____

_____

_____

_____
_____

_____
_____

_____
_____

M1 Besuchermagneten Berlins

1. Notiere in M1 die richtigen Bildunterschriften: „Karneval der Kulturen, Am Brandenburger Tor, An der East-side-Gallery, Filmfestspiele Berlinale, Nofretete-Büste im Neuen Museum, Konzert in der Waldbühne".

2. Schreibe den Merktext auf S. 117 aus deinem Schulbuch ab und lerne ihn auswendig.

_____
_____
_____
_____
_____
_____
_____
_____

3. Tauscht euch über den Merktext in der Gruppe aus (Länge, Inhalt, fehlt was?). Formuliert, wenn nötig einen neuen Merktext und schreibt ihn in euer Heft.

Web-Code
WES-144173-030

Großmarkt Beusselstraße

Es ist 1:30 Uhr in der Früh. Wenn andere schlafen, erreicht Herr Lohse seinen Arbeitsplatz auf dem Großmarkt in der Beusselstraße in Berlin. 500 000 Tonnen Lebensmittel werden hier im Jahr bewegt. Der Großmarkt versorgt die Hauptstadt mit Früchten und Gemüse, Fisch und Fleisch. Aber auch Blumen aus aller Welt werden an Berliner Einzelhändler verkauft. Die frische Ware geht von hier weiter in Hotels, Restaurants, Kantinen und kleine Lebensmittelläden in ganz Berlin. 300 Großhändler schaffen eine Milliarde Euro Umsatz im Jahr. Herr Lohse ist einer von ihnen. Mit seinem Team verkauft er Obst und Gemüse in der Fruchthalle. Schon seit Stunden fahren Lkw-Fahrer aus den Niederlanden, Frankreich, Italien, Polen und Spanien vor. Sie bringen Waren aus Übersee und aus den Treibhäusern Europas hierher.

In der Fruchthalle ist es 2 Uhr morgens. Für Herrn Lohse geht es in die heiße Phase. Zwölf Paletten mit je 600 Kilogramm Weintrauben aus Italien will der Großhändler heute verkaufen. Das sind über sieben Tonnen Ware, die sich nicht lange hält. „Heute, spätestens morgen muss das alles verkauft sein. Sonst leidet die Frische." Mittlerweile ist es 3 Uhr. Um 5 Uhr erwartet Herr Lohse einen Großkunden, der ihm hoffentlich Trauben abnehmen wird. Jetzt aber braucht der Händler erst mal einen Kaffee. „Einen großen Kaffee mit Zucker und einen Kaffee mit Milch, bitte." Herr Said führt seit zehn Jahren ein Bistro in der Fruchthalle. Er hat viele Kunden, vor allem Männer. Auf dem Parkplatz vor der Halle packen die Kunden ihre Waren ein.

Lies den Text zunächst allein still. Unterstreiche Wörter, die du nicht verstehst.

Suche die Bedeutung unbekannter Wörter (Internet), schreibe sie auf (Notiz-App) und lerne sie.

Lies den Text laut, leise, langsam, schnell, mit und ohne Betonung. Hör dir den Text an (QR-Code) und lies ihn nochmal. Übe so lange, bis du den Text flüssig lesen kannst.

Beschreibe das Bild auf dieser Seite mithilfe des Textes.

Ist der Text spannend, interessant, glaubwürdig?

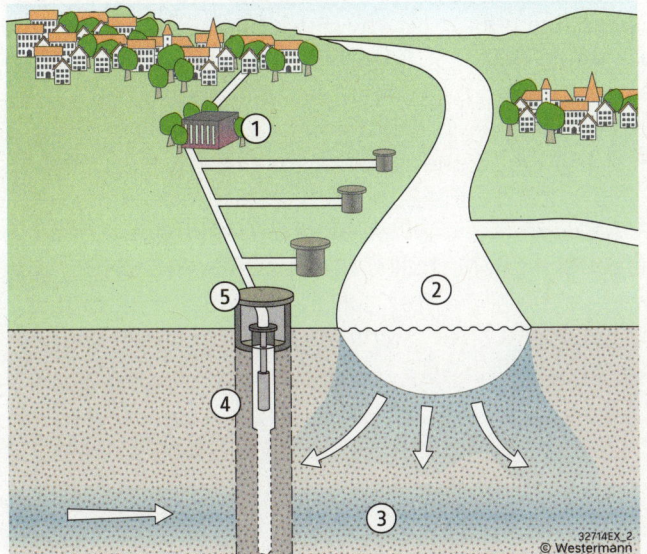

① _____
② _____
③ _____
④ _____
⑤ _____

M1 Gewinnung von Wasser aus Uferfiltrat

1. Male in M1 das Wasser blau aus. Nimm M1 auf S. 118 in deinem Schulbuch zu Hilfe

2. Ordne in M1 folgende Begriffe den Zahlen 1 – 5 zu: „natürliches Grundwasser, Wasserwerk, Fluss, Brunnen, Pumpe" und erläutere, wie Wasser aus Uferfiltrat gewonnen wird.

3. Schreibe den Merktext auf S. 119 aus deinem Schulbuch ab und lerne ihn auswendig.

_____

_____

_____

_____

4. Tauscht euch über den Merktext in der Gruppe aus (Länge, Inhalt, fehlt was?). Formuliert, wenn nötig einen neuen Merktext und schreibt ihn in euer Heft.

5. Wähle aus dem Kasten der Fachbegriffe auf S. 119 in deinem Schulbuch einen Fachbegriff aus, schreibe ihn mit Artikel ab und notiere die Bedeutung mit deinen eigenen Worten (Minilexikon).

Mein Lieblingsfachbegriff: _____

Bedeutung: _____

_____

_____

_____

6. Tragt euch gegenseitig eure Fachbegriffe vor. Stimmen die Erklärungen? Einigt euch auf den wichtigsten Fachbegriff.

Bildquellenverzeichnis
|akg-images GmbH, Berlin: Album/Prisma 24.1; De Agostini Picture Library 27.1; Heritage Images/Historic England Archive 26.2; Heritage-Images/CM Dixon 26.1; Lessing, Erich 24.2. |Alamy Stock Photo, Abingdon/Oxfordshire: Vilata, Juan 22.3; Winke, Hans 6.2. |Alamy Stock Photo (RMB), Abingdon/Oxfordshire: Kuttig - Travel 16.2; Nature Picture Library 22.2; Panther Media GmbH 29.1. |Berghahn, Matthias, Bielefeld: 6.1, 8.1, 8.2. |fotolia.com, New York: Aintschie 10.1; philipus 20.1. |Imago Editorial, Berlin: StockTrek Images 5.2. |iStock-photo.com, Calgary: princigalli 29.4. |Marckwort, Ulf, Kassel: 7.1. |Mithoff, Stephanie, Egestorf: 2.1, 2.2, 2.3, 4.1, 5.1, 11.1, 11.2, 11.3, 11.4, 12.1, 13.1, 16.1, 19.1, 22.1, 23.1, 25.1, 25.2, 25.3, 25.4, 25.5, 25.6. |Nebel, Jürgen, Muggensturm: 18.1. |Picture-Alliance GmbH, Frankfurt a.M.: Baumgarten, Ulrich 29.6; dpa/Heidtmann, Lothar 14.2; dpa/Reinhardt, Daniel 30.1; EFE/dpa/Morell 20.2; imageBROKER/Michalke, Norbert 28.1; PIC ONE/Kriemann, Ben 29.2; SZ Photo/Peljak, Florian 10.2. |Shutterstock.com, New York: LiliGraphie 29.5; magicinfoto 29.3. |stock.adobe.com, Dublin: CPO Titel; Sylfida 5.3; Uwe Titel; Westend61/Maria Maar Titel. |ullstein bild, Berlin: Andres, Erich 14.1. |Visum Foto GmbH, Asbach: Aufwind-Luftbilder 16.3.

© 2024 Westermann Bildungsmedien Verlag GmbH, Georg-Westermann-Allee 66, 38104 Braunschweig
www.westermann.de

Druck A[1] / Jahr 2024
Alle Drucke der Serie A sind im Unterricht parallel verwendbar.

Redaktion: Lektorat Eck, Berlin
Druck und Bindung: Westermann Druck GmbH, Georg-Westermann-Allee 66, 38104 Braunschweig

ISBN 978-3-14-**144173**-4